NOUVELLE DÉCOUVERTE
DU PRINCIPE
DE L'HARMONIE;

AVEC un Examen de ce que M. Rameau a publié ſous le titre de *Démonſtration de ce principe.*

Par M. ESTÈVE, de la Société Royale des Sciences de Montpellier.

A PARIS,

Chez SÉBASTIEN JORRY, Imprimeur-Libraire, Quai des Auguſtins, près le Pont S. Michel, aux Cigognes.

M. DCC. LII.

Avec Approbation & Privilege du Roy.

INTRODUCTION.

SI de nos jours on eût fait l'heureuſe découverte de calculer les ſenſations auditives, quelle admiration ne donneroit-on pas à cette branche de la féconde Géométrie? Mais Pythagore a vécu trop long-tems avant nous, pour qu'il y ait le même intérêt dans ce qu'il a inventé. Appliquer la règle & le compas au tumulte du ſentiment, trouver la relation des vérités numériques aux mouvemens de l'ame, ſoumettre à des proportions & au calcul les paſſions & les plaiſirs, ce ſeroit ſans doute une découverte qui, de notre ſiécle, feroit une époque.

Avant Pythagore on ne trouve aucun moyen de tranſmettre la diviſion de l'octave, aucune ſcience muſicale. On ne connoiſſoit dans la ſuite des ſons que le ſentiment qu'ils exprimoient, au même inſtant que l'ame en étoit émuë. L'ame ne ſçavoit ni prévoir ni ſuivre les mouvemens qui devoient affecter ſa ſenſibilité : elle n'avoit aucune clarté qui pût la conduire dans l'examen du ſentiment. La Muſique n'étoit encore qu'un art informe, & il falloit un Philoſophe pour en faire une ſcience.

Le Philoſophe Grec entendit le carillon que formoient des marteaux qui frappoient ſucceſſivement ; les ſons en étoient agréables, leur union harmonieuſe; & comme le génie voit preſque toujours les objets ſous leur vrai point de vuë, Pythagore décida que pour meſurer les ſons, il falloit peſer les marteaux.

L'expérience en fut faite & répétée ; on eut des marteaux de différentes peſanteurs, on en varia les figures, & enfin on apprit qu'il y avoit des proportions conſtantes des poids, aux ſons que leur chute produiſoit.

Ce qui d'abord avoit été fait ſur les poids, fut enſuite appliqué aux cordes ſonores. Des cordes de même longueur étant frappées rendirent des ſons qui étoient dans la proportion des poids qui les tendoient. Des cordes tenduës par des poids égaux exprimoient des ſons qui étoient toûjours dans une relation conſtante aux longueurs de ces mêmes cordes. Ces poids & ces longueurs fixes furent la meſure du ſentiment ; les mouvemens de l'ame furent exprimés par des nombres. On ſçut que ce qu'on appelloit l'octave étoit un ſon double du fondamental ; que ce qu'on appelloit la quinte étoit un ſon qui accompliſſoit trois vibrations dans le même intervalle de tems que le fondamental en faiſoit deux. C'eſt ainſi qu'on eut la meſure de tous les accords.

Il en fut de la Muſique théorique comme de toutes les autres ſciences. L'inventeur s'y appliqua, il eut des ſectateurs & des critiques ; inſenſiblement la découverte fut accréditée, les objections disparurent, & il ne fut plus permis de douter que calculer certains nombres, c'étoit calculer les sentimens. Mais ce qu'il y a de particulier dans cet emploi délicat des nombres, c'est qu'il ne suffit pas de suivre machinalement & sans génie le résultat de quelques principes qu'on donne pour vrais : il faut encore pour chaque nouvelle application sçavoir inventer ; il faut replier l'ame sur elle-même, & lui faire pénétrer le secret de ses mouvemens. Cette science ne peut être perfectionnée par l'habitude seule d'y travailler, & voilà pourquoi elle est encore si près de son commencement.

Une autre raison du peu de progrès de la Musique théorique, c'est qu'on a desiré peut-être trop tôt d'en venir à la pratique, on devroit du moins, avant que de commencer les applications, approfondir, mieux qu'on ne l'a fait, la relation des nombres aux sentimens qu'ils expriment. Alors on eût prévenu toute fauſſe application , & on eût donné à la ſcience toute ſon étenduë. Mais connoître l'expreſſion numérique des ſons , & ſans approfondir cette relation, vouloir déterminer tout de ſuite un ſyſtême de Muſique , un tempérament,que pouvoit-on trouver? des ſyſtêmes,des tempéramens qui avoient quelques avantages ſur ceux qui étoient plus mauvais : au lieu que ſi on eût inventé après Pythagore , qu'on ne ſe fût point avili dans le détail de ce qui ne pouvoit donner des vérités rigoureuſes , qu'on eût développé l'eſſence du principe fondamental (& c'eſt ce que nous croyons avoir fait) on eût vû ce principe dans ſon vrai jour ; on lui eût vû produire ſans effort & le meilleur ſyſtême & le meilleur tempérament & la plus parfaite harmonie & la mélodie la plus agréable.

L'univerſalité du génie de Deſcartes le porta à tout éclaircir ; peut-être auſſi avoit-il vu que pour avancer la [illegible] de la Muſique , il falloit oublier ce qui avoit été fait depuis Pythagore *, & remonter à l'origine : quoiqu'il en ſoit, Deſcartes rechercha pourquoi certains accords ſatisfaiſoient l'ame, lui étoient agréables, tandis que d'autres accords la fatiguoient, & produiſoient des ſenſations qu'elle rejettoit. La raiſon qu'il en donne eſt ingénieuſe, mais non fondamentale.

Deſcartes a dit : *L'ame juge aiſément des rapports ſimples, & ils doivent lui être agréables. Les conſonances ſont produites par des rapports ſimples, ainſi elles ſeront de bons accords; tout au contraire, les termes des rapports qui expriment les diſſonances ſont difficiles à comparer, l'ame ne s'y plaît point, elle en a un ſentiment déſagréable.* Ainſi c'eſt une opération de l'eſprit que Deſcartes a pris pour le principe du ſentiment de l'harmonie. Il a réduit ce ſentiment à un jugement de comparaiſon.

Le jugement de comparaiſon qui

* Nouvelle Découverte, page 24.

décide le ſentiment eſt dans pluſieurs affections de l'ame, qui cependant n'en paroiſſent ni moins vives ni moins promptes qu'une ſenſation. Pour décider le juſte & l'injuſte, il faut ſans doute, que l'ame faſſe pluſieurs comparaiſons, & il arrive preſque toûjours que comme par inſtinct ſubit elle ſe détermine, elle n'a donc point alors été retardée, elle ne s'eſt point apperçuë des opérations qui l'ont décidée. C'eſt ainſi que l'émotion que fait un ſon, quoique paroiſſant inſtantanée, pourroît être reglée en partie par une opération de l'eſprit.

Sans contredit pluſieurs ſentimens ſont produits par des opérations de l'entendement. L'amour que nous portons au bien, l'horreur pour le mal, les vertus & les vices moraux, les affections & les antipathies qui en ſont produits, tout cela eſt décidé par un jugement de comparaiſon, qui précéde & détermine le ſentiment. Mais les ſenſations tranſmiſes par les organes dans leur effet sur l'ame, ont outre ce jugement, & les mouvemens qui les portent & des caractères plus fixes, & qui par des combinaisons inaltérables commandent, pour ainsi dire, à l'ame le sentiment qui doit l'affecter.

Dans l'ordre des découvertes dans la théorie de la Musique, voici celle qui intéressoit le plus, & qu'on verra détaillée dans l'ouvrage qui suit. C'est le principe méchanique qui établit des différences essentielles entre les accords agréables & ceux qui ne le sont point ; c'est enfin cette relation essentielle des nombres aux sons qu'il falloit trouver, qui seule pouvoit ajouter à ce que Pythagore avoit fait. Il n'est aucun son seul & isolé, celui qui paroît le plus simple a toûjours un accompagnement qu'il se forme dans son passage dans l'air, & le son d'une voix, d'une corde, d'un instrument, quel qu'il soit, arrive à l'organe, accompagné de petits sons qu'on appelle ses harmoniques. Un accord eſt composé de deux ſons, chacun de ces ſons a ſes harmoniques. J'ai calculé les actions réciproques de ces harmoniques dans tous les accords, d'où j'ai découvert que dans les conſonances, c'eſt-à-dire, dans les accords agréables, ces accompagnemens, ces harmoniques ſe fortifient mutuellement, tandis que dans les diſſonances, c'eſt-à-dire, dans les accords déſagréables, les harmoniques ſe combatent & ſe détruiſent.

De ce calcul on conclut le principe qui juſtifie les jugemens de l'ame dans les ſentimens qu'elle a des ſons; car puiſque dans une conſonance les harmoniques des ſons qui la compoſent ſe conſervent, l'harmonie conſonante ne laiſſe rien à deſirer; mais les diſſonances n'ayant aucun harmonique, ne peuvent émouvoir l'ame avec plaiſir, elle ſe refuſe à un mouvement ſec & tronqué, qui ne paroît point être dans l'ordre de la nature, & leur impreſſion eſt déſagréable.

C'eſt dans l'ouvrage qui ſuit qu'on

verra le détail du calcul qui décide ces différentes affections de l'ame, & la démonstration des sentimens que produisent les impressions sonores. De ce premier principe on voit suivre toutes les loix de la marche & de l'emploi des accords; mais ces utiles applications ne pouvant ajoûter à la vérité inaltérable de la nouvelle découverte, je les ai réservées pour les Mémoires de l'Académie Royale des Sciences.

Je crois devoir annoncer que dans le premier Volume de l'Académie qui paroîtra, il y aura deux Mémoires qui sont une continuation de ce que je publie aujourd'hui: l'un est sur le meilleur systême de Musique harmonique, & l'autre sur son meilleur tempérament. Dans le premier il s'agit de rechercher quelle est la meilleure des Gammes possibles, & quels pouvoient être les avantages de celles des Grecs & de celle des Chinois, &c. Dans le second on y trouvera plusieurs problêmes très-curieux sur le tempérament, comme par exemple celui-ci, qu'il n'eſt pas poſſible de trouver un tempérament qui altere tous les intervalles dans le rapport de leur conſonance.

Il ſeroit à ſouhaiter que ce que j'ai fait pour le ſon s'étendît à tous les autres organes, & que dans toutes les ſenſations, comme nous avons fait dans celle de l'ouië, nous puiſſions ſuivre le méchaniſme des mouvemens juſques dans l'être qu'ils affectent. Je n'oſe dire tous les avantages qu'on pourroit retirer de ces connoiſſances: car elles pourroient nous donner les loix de toutes les affections de ſenſibilité, nous en développer l'origine, nous faire connoître l'homme.

Mais combien d'idées heureuſes ne faudroit-il point pour achever cette utile ſcience? Le méchaniſme des ſons n'eſt point celui de la lumiere, celui de la lumiere n'eſt pas celui du goût, le tact, l'odorat, agiſſent encore par des principes différens. Ce n'eſt point la combinaiſon des qualités ſpirituelles qu'on demande, ce ſont des mouvemens méchaniques dans l'ame, & qui puiſſent être ſoumis au calcul. Il faut au moins tout autant de découvertes qu'il y a dans l'homme d'organes de ſentiment. Conſidérant avec affliction le grand nombre de ſiécles pendant leſquels le Géomètre s'eſt appliqué à la Muſique, & ne voyant nulle part le principe méchanique du ſentiment auditif, je crains qu'une fatalité ennemie ne cache encore pendant long tems la loi univerſelle des affections de l'ame.

Cependant c'eſt-là ce qu'il nous importeroit de ſçavoir, & je ne ceſſerai de répéter à quoi bon calculer éternellement les mouvemens des Aſtres, pourquoi occuper toute ſa vie à pouvoir prédire ce qui ſeroit arrivé s'il y avoit eu plus de planètes dans notre monde, ſi elles étoient plus groſſes, ſi la loi d'attraction étoit différente? &c. ne ſeroit-il pas plus sage de se connoître soi-même, d'appliquer la suprême science du calcul à éclairer l'ame sur ses goûts & ses plaisirs, & enfin à la faire jouir d'elle-même.

On sçait quel auroit été l'orbe du cinquiéme Satellite de Saturne, si le Soleil eût été moins grand qu'il ne l'est, & on ne sçait pas pourquoi tout édifice doit avoir la forme pyramidale, pourquoi l'ame se plaît à considérer une colonne qui est dans son exacte proportion; ces deux problêmes, je les propose comme les ayant résolus, avec plusieurs autres du même art; & qu'on ne croye pas que je demande des raisons de similitude, telles que celles dont les Architectes se sont contentés, il faut l'action méchanique qui décide le sentiment de l'ame. Ainsi, après la vuë, examinant les autres sens, on enchaîneroit par l'ordre de la vérité, les sensations les unes aux autres, on conduiroit l'esprit avec clarté des plus grandes idées jusques aux sentimens.

J'ai joint à cet ouvrage un examen de ce que M. Rameau a publié ſous le titre de Démonſtration du principe de l'harmonie. Qu'on ne s'imagine pas que je prétende juger ce Muſicien très-habile ; bien loin de cette préſomption, j'ai rapproché ce qu'il a vû du principe méchanique & primitif, qu'il n'a point cherché. Vouloir le déprimer, ce ſeroit manquer de ſenſibilité ; n'avoir aucune ſenſibilité, ce ſeroit s'avouer incapable de le juger.

NOUVELLE DÉCOUVERTE DU PRINCIPE DE L'HARMONIE,

AVEC un Examen de ce que M. RAMEAU a publié sous le titre de Démonstration de ce principe.

ON sait que quand une seule corde vibre, que quand un seul tuyau résonne, le son principal dans le trajet qu'il fait dans l'air pour parvenir jusqu'à notre organe, en fait naître d'autres. Ce son qu'on croiroit unique se fait entendre accompagné constamment de sa douziéme & de ſa dix-ſeptiéme ; c'eſt-à-dire , avec des ſons qu'on appelle les Harmoniques du fondamental. C'eſt une vérité d'expérience dont il eſt facile de s'aſſurer. Dans un lieu tranquille , pendant le ſilence de la nuit, pincez une corde de Claveſſin , ou faites réſonner un tuyau d'Orgue ; ſoyez attentif à la fin du ſon , vous entendrez diſtinctement des ſons aigus qui ſont unis au fondamental , & qui n'avoient point aſſez de force pour ſe faire diſtinguer dans leurs commencemens. Ces ſons aigus & harmoniques ſont l'octave de la quinte , & la double octave de la tierce majeure du ſon principal. Un ſeul ſon en produit conſtamment deux autres.

Depuis très-long-tems les Harmoniques ſont connus. Ariſtote en a parlé : car il ſe demande pourquoi les ſons en finiſſant deviennent plus aigus ? Mrs. Sauveur, Mairan, les ont auſſi diſtingués du ſon principal ; ce qui leur a fourni l'explication de pluſieurs phénomenes. Enfin M. Rameau dit y trouver le principe de l'Harmonie, qui eſt l'objet de nos recherches.

Ce ſavant Muſicien cherchoit quels étoient les intervalles des ſons les plus naturels. Après avoir exprimé un ſon, on peut choiſir parmi une infinité d'autres, celui qu'on veut lui faire ſuccéder ; mais parmi cette infinité, il en eſt quelques-uns, ſans doute, qui ſe trouvent dans l'ordre de la bonne Muſique. Il s'agiſſoit donc de connoître ces ſons auxquels il falloit donner la préférence. M. Rameau conſulta ſes organes ; il eſſaya des nuances & trouva certains paſſages qui lui parurent les plus naturels.

Mais outre qu'ils ne le ſont pas, cette maniere de décider la queſtion eſt fautive. L'éducation modelle nos organes ; elle leur fait prendre une forme, nous habitue à certains ſentimens qui doivent paroître les plus eſſentiels à notre être ; mais qui ne le ſont que par accident.

Il s'agiſſoit pourtant de trouver une regle fixe, invariable & néceſſaire. M. Rameau vouloit pénétrer les premiers principes de ſon Art. Il ſe rend attentif à un ſon, en entend les harmoniques ; il ajoûte tout de ſuite, la douziéme & la dix-ſeptiéme doivent être les intervalles les plus parfaits. De plus, ces trois ſons forment un accord primitif d'où doivent ſuivre toutes les regles de l'art Muſical ; celles du chant, celles de l'accompagnement ; tout doit ſe rapporter à cette origine. Il faut l'y ramener,

Voilà l'eſprit de ſa démonſtration. Dans les combinaiſons des harmoniques d'un ſeul ſon, il veut trouver tous les ſentimens ſoumis à la Muſique.

Puiſque c'eſt dans l'accord formé par les harmoniques que M. Rameau veut trouver tous les préceptes de la compoſition, il faut avant que de le ſuivre dans les combinaiſons de cet accord, en rechercher la formation & l'eſſence. Quelle eſt la cauſe de ces ſons foibles qui accompagnent toûjours le ſon principal ? Ces ſons ne ſont-ils pas produits par notre imagination ? N'eſt-ce pas là un piége qui déguiſe le principe eſſentiel ? Pourquoi M. Rameau voulant employer le terme de démonſtration, n'a-t'il pas formé ces doutes ?

L'air eſt compoſé de parties de différent reſſort. Or il eſt démontré que quelle que ſoit la violence du coup qui met un reſſort en mouvement, il a des exploſions de même durée, c'eſt-à-dire, que ce reſſort ſe comprime & ſe débande dans un même-tems; avec cette ſeule différence que lorſque le coup eſt plus fort, le reſſort en eſt plus agité; mais toûjours il reſte le même-tems à s'ouvrir & à ſe fermer. Ainſi l'air eſt composé de parties qui, frappées par quelque coup que ce ſoit, banderont & débanderont leur reſſort dans un intervalle de tems que rien ne peut changer. C'eſt envain qu'on augmenteroit ou qu'on diminueroit la force du coup, on ne changeroit aucunement le tems que chaque reſſort doit employer à s'ouvrir & à ſe fermer.

Maintenant qu'une corde ſe vibre, que des coups ſe répétent dans l'air à un intervalle déterminé les uns des autres, il y aura dans l'air des parties qui auront fini leurs vibrations en même-tems que la corde; il y aura, dis-je, des ressorts qui seront toûjours aidés dans leurs mouvemens, & il y en aura qui seront sans cesse empêchés. Ces derniers ne se trouvant point dans l'ordre des mouvemens conspirans, ne seront agités que foiblement; ils ne porteront aucun son à la différence des autres, qui sans cesse frappés à propos, auront un mouvement continué avec uniformité. Ces derniers mouvemens seront communiqués aux parties similaires, qui, à leur tour, pourront les transmettre à d'autres. Ainsi de suite, ces sons se répandront dans l'air.

Ces parties d'air qui sont toûjours aidées dans leurs mouvemens, sont d'abord l'unisson ou les ressorts dont les vibrations sont précisément de même durée que celle de la corde, vient ensuite l'octave ou les ressorts dont deux vibrations s'accordent avec une de la corde; vient après la douziéme; c'est-à-dire, l'octave de la quinte du fondamental qui fait trois vibrations précises, pendant que le fondamendal en fait une. Il y a encore la double octave du fondamental; c'est-à-dire, les ressorts qui font quatre vibrations, pendant que le fondamental en fait une; il y a aussi la tierce majeure de la double octave, qui fait cinq vibrations, pendant que le fondamental en fait une; & enfin la double octave de la quinte, qui fait six vibrations dans le même intervalle de tems que le fondamental, en fait une. L harmonique qui vient après ne tombe plus dans les intervalles de notre gamme, & il faut vraisemblablement s'y arrêter.

Les harmoniques ſont donc l'octave; l'octave de la quinte, la double octave de la tierce majeure, la double octave de la quinte, ou prenant *ut* pour le fondamental, l'ordre des harmoniques ſera en montant UT de l'octave SOL, UT, MI & SOL. Voilà l'expreſſion de tous les reſſorts qui allant plus vîte que le ſon principal, ſont toûjours aidés dans leurs mouvemens. Ils finiſſent leurs vibrations préciſément dans le même inſtant qu'ils reçoivent de nouvelles impreſſions; ces harmoniques ſont au-deſſus du ſon principal. On peut aiſément ſe convaincre qu'il n'en eſt point en deſſous. Car aucun des reſſorts qui ſe meut plus lentement que les vibrations de la corde, ne peut s'accorder avec ces vibrations. Ces mêmes vibrations viennent fraper d'un ſecond coup ces reſſorts lents

& pareſſeux, dans le tems qu'ils continuent encore leur premier balancement. Au milieu de leur mouvement dans une direction, ils en ſont détournés par une direction qui les porte d'un autre côté. Ainſi par les directions oppoſées, les forces s'y détruiſent. Mais les reſſorts qui font préciſément deux, trois, quatre, cinq, ſix vibrations dans le même intervalle de tems que la corde, en fait une, ſont toûjours frappés à l'inſtant qu'ils vont recommencer leurs balancemens; la nouvelle impreſſion eſt entierement efficace; elle aide & renouvelle à propos la puiſſance qui ſe feroit bien-tôt affoiblie, & ce ſont les ſeuls reſſorts qui fremiſſent continuement & donnent des ſons qui accompagnent le fondamental. Qu'on ne diſe point que le ſon qui fait ſept vibrations dans le même intervalle de tems que le fondamental en fait une, dût être aussi rangé parmi les harmoniques. Je le répéte, ce son ne tombe point dans les intervalles de notre gamme; mais encore il faut faire attention que le son ne se produit que par un mouvement égal & uniforme, & que les ressorts qui par une premiere impression devroient faire un grand nombre de vibrations avant que de recevoir un second coup, que ces ressorts, dis-je, n'auront aucune égalité uniforme dans leurs mouvemens. Ces ressorts seront presque en repos quand ils seront frappés encore par le fondamental, trop tardif à leur égard. Le nouveau coup ne sera pas pour aider le mouvement; mais pour remettre en jeu ce qui s'étoit affoibli jusqu'au repos : ces ressorts ne porteront point de sons.

Les sons harmoniques ont donc

leur origine dans les mouvemens des parties de l'air ; & outre les deux que M. Rameau a connu, il y en a encore trois autres que l'oreille ne ſauroit diſtinguer, ce qui fait en tout cinq harmoniques, qui ſe trouvent néceſſairement dans l'action méchanique de tout ſon. Qu'on ſoit attentif ou qu'on ne le ſoit pas ; qu'on diſtingue dans un ſon les harmoniques ou qu'on ne les y diſtingue pas, aucun ne nous échape, tous ſe portent à l'organe & adouciſſent par des gradations l'impreſſion principale. Lorſqu'on croit entendre un ſon ſeul, on ſe trompe ; c'eſt par-tout un mélange de ſons placés harmoniquement ; une harmonie naturelle.

M. Rameau qui n'a point remonté juſqu'à la cauſe des harmoniques, qui s'eſt contenté de les entendre, les a cru, avec juſte raiſon, eſſentiels à tout ſon : car il eſt évident qu'aucun mouvement ne pourra ſe tranſmettre juſqu'à notre organe, ſans paſſer par l'air ; & puiſque le paſſage du ſon principal dans l'air lui produit des harmoniques, tout ſon en aura. Auſſi M. Rameau a dit : *Toute cauſe qui produit ſur mon oreille une impreſſion compoſée de pluſieurs autres, me fait entendre du ſon.* Je ne vois pas avec la même clarté, pourquoi il dit deux lignes plus haut : *Toute cauſe qui produit ſur mon oreille une impreſſion une & ſimple, me fait entendre du bruit.* Car ſi tout ſon par ſa nature n'eſt jamais ſeul, ſi l'accompagnement lui eſt eſſentiel, pourquoi le bruit qui eſt un ſon principal en ſeroit-il dénué ? N'eſt-ce pas du mouvement, de la propriété ſonore, que ſont produits les harmoniques ? Dans le bruit ce mouvement, cette propriété ſonore exiſte, ainſi les harmoniques doivent s'y trouver. Que l'Auteur démontre que le ſon principal, appellé bruit, peut réprimer ſans ceſſe les harmoniques qui devroient toûjours l'accompagner, alors il pourra conclure que *toute cauſe qui produit ſur mon oreille une impreſſion une & ſimple, me fait entendre du bruit.*

Les ſons harmoniques ne ſont diſtingués qu'avec une grande attention & dans un ſon principal qui eſt ſeul. Dans la ſuite de pluſieurs ſons, dans un chant ſuivi, l'oreille la plus délicate ne les diſtingue pas mieux que l'organe le plus matériel. Mais quoique ces harmoniques ne ſoient pas entendus diſtinctement, ils n'échapent pourtant pas au ſentiment; ils ſe trouvent dans l'action méchanique & néceſſaire des ſons; ils entrent dans l'organe, en émeuvent les nerfs & produisent dans chaque impression cette gradation de sons plus foibles & plus hauts, qui n'est distinguée que par la douceur & la mélodie des mouvemens sonores. Ainsi il ne faut pas dire comme M. Rameau : *Je m'apperçus que ces sons harmoniques étoient très-aigus & très-fugitifs, & qu'il devoit, par conséquent, y avoir telle oreille qui les saisiroit moins distinctement qu'une autre ; telle qui n'en appercevroit que deux, telle qui ne seroit affectée que d'un, & peut-être même telle qui ne recevroit l'impression d'aucun.* Dans la pratique de la Musique, aucune oreille ne distingue aucun harmonique, tout est fugitif à l'esprit ; mais le sentiment n'y perd rien; il obéit aux mouvemens qui le dévelopent. Il ne falloit pas dire non plus: *Voilà une des sources de la difference de la sensibilité pour la Musique que l'on re-*

marque entre les hommes. Voilà des hommes pour qui la Musique ne sera que du bruit, ceux qui ne seront frappés que du son fondamental, ceux pour qui tous les harmoniques seront perdus. Il faut que ces hommes, tels que les a conçus l'Auteur, n'ayent aucun nerf qui puisse être ébranlé par l'action des harmoniques: car il n'y a qu'une résistance au mouvement superieure à l'action des harmoniques, qui puisse en empêcher l'effet. D'où on doit conclure que pour démontrer que le peu de sensibilité vient en partie de ce qu'on ne distingue pas les harmoniques, il faudroit établir que la force d'inertie de l'organe est toûjours proportionelle à ce peu de sensibilité, & que les hommes pour qui la Musique n'est que du bruit, ont une dureté d'oreille qui ne leur permet pas de distinguer les sons foibles; & cela n'est pas.

Jusqu'ici

Jufqu'ici il n'y a de connu que les harmoniques, & leur origine dans l'air. C'eft un rapport de convenance & d'ifochronifme qui les a produits. Cette relation fuffit-elle à les faire décider les plus parfaits? C'eft ce que M. Rameau n'a pas voulu approfondir. Il s'eft contenté de dire: La nature me montre un accord qu'elle forme elle-même; voilà le premier principe auquel il faut tout ramener. Il n'a pas ofé demander à cette même nature la raifon de l'accord qu'elle lui indiquoit, où elle commençoit à le faire naître, quelles loix il fuivoit dans fa formation; s'il l'entendoit tel qu'il étoit, fi fon imagination ne le changeoit point; enfin s'il n'y avoit pas d'illufion. Se décidant par une indication, M. Rameau n'a fongé qu'à tirer des combinaifons des harmoniques, les préceptes de l'art

Musical. Accordons-lui, pour un instant, tout ce qu'il dit; il ne pourra jamais conclure qu'il ait donné une démonstration; il a seulement établi que son systême fournissoit plusieurs conséquences justes.

Ayant remonté jusques à la cause des harmoniques, nous en avons trouvé cinq au moins, & il sembleroit que dès qu'on en prend quelques-uns pour principe, il y auroit même raison pour les prendre tous. Mais M. Rameau qui n'en a connu que deux, ne parle point des trois autres. Il est vrai que cela ne lui fera pas une objection : car il ne manquera pas de dire, ces trois harmoniques, dont je n'ai pas parlé, sont les deux premiers des octaves du fondamental & le dernier l'octave de la douziéme; or tout son est le même que son octave; donc ces trois harmoniques oubliés ne ſont que des répétitions de ce qui eſt dans l'expreſſion des deux premiers; ils ne fourniront pas à de nouvelles combinaiſons. N'eſt-ce pas ainſi qu'il a raiſonné ſur les deux harmoniques qu'il connoiſſoit. Ces harmoniques ne fourniſſoient point des combinaiſons utiles, & il les a deſcendus à leurs octaves en deſſous pour y trouver ce qu'il y cherchoit, tandis que les harmoniques qu'il a oubliés ſont les octaves en deſſus.

Cette loi dont M. Rameau ſe ſeroit, ſans doute, autoriſé, pour oublier les harmoniques dont il n'a pas parlé; cette loi dont il a fait uſage pour rendre le principe indiqué par la nature plus fecond; cette loi, dis-je, que tout ſon eſt le même que ſon octave, a été obſervée dans la pratique de l'art Muſical. Ainſi le mélange des ſons principaux & de leurs harmoniques produiſent cette même loi, & avant que de l'appliquer aux harmoniques conſiderés ſeuls, il falloit non-ſeulement être aſſuré par des raiſons de théorie, que les octaves étoient toûjours des repliques dans les ſons principaux, mais encore qu'il en étoit de même dans les harmoniques conſidérés tous ſeuls.

Comme je ne cherche qu'à juſtifier le grand-Homme, qu'on a cru, peut-être que je voulois combattre, je vais conſiderer l'action de tous les mouvemens qui ſe trouvent dans l'accord de l'octave, peut-être y trouverons-nous que c'eſt avec raiſon que M. Rameau a appliqué aux harmoniques la loi qu'il avoit obſervée dans leur combinaiſon.

L'accord de l'octave eſt formé de deux ſons. Chacun de ces ſons a ſes harmoniques dans le même rapport au ſon principal. Le ſon le plus grave a ſon premier harmonique à l'uniſſon du ſon principal le plus aigu. Ce ſon principal aigu, qui forme l'intervalle de l'octave, renforcera le premier harmonique du ſon principal le plus grave, & pourroit être regardé comme ne faiſant que mieux déveloper ce premier harmonique. Le ſecond harmonique du ſon principal le plus grave, faiſant trois vibrations, pendant que le ſon le plus aigu en fait deux, les deux ſons fondamentaux ſe combattent dans cet harmonique; le mouvement que l'un lui donne eſt détruit par l'autre, ce ſecond harmonique n'a point une uniformité continuée de mouvement. Avant que d'avoir exactement fini ſes vibrations, il eſt interrompu. Ainſi il ne ſe portera pas à l'organe & ſera détruit. Le troiſiéme harmonique du ſon le plus grave, ſe rencontre avec le premier harmonique du ſon le plus aigu : l'un & l'autre font un même nombre de vibrations dans le même intervalle de tems. En continant ces conſidérations, on trouve que le quatriéme harmonique du ſon le plus grave, eſt détruit par le ſon principal le plus aigu. Le cinquiéme harmonique du ſon le plus grave, ſe rencontre avec le ſecond harmonique du ſon le plus aigu. Le troiſiéme, le quatriéme & le cinquiéme harmonique du ſon le plus aigu ſe conſervent. Dans l'accord de l'octave, le premier, le troiſiéme & le cinquiéme harmonique du ſon principal le plus grave, ſont aidés par le ſon principal le plus aigu. Ce ſecond ſon ſe conſerve tous ſes harmoniques.

Puiſque dans l'accord de l'octave le ſon principal le plus aigu conſerve tous ſes harmoniques, & qu'il peut être regardé comme ne faiſant par ſon uniſſon que mieux dévelloper le premier harmonique du ſon principal le plus grave, cet accord de l'octave a le même dégré d'harmonie que la mélodie. Le ſon qu'on ajoûte pour former cet accord ſe place ſur le premier harmonique du fondamental. Il conſerve tous ſes harmoniques, comme le faiſoit le fondamental lorſqu'il étoit ſeul. Ainſi le ſecond ſon principal ne doit pas imprimer des mouvemens différens du premier, ils doivent l'un & l'autre reveiller à peu près la même idée, & voilà pourquoi cet accord n'eſt qu'une répetition, & que de deux ſons qui le compoſent, l'un peut être pris indifféremment pour l'autre.

Le combat des harmoniques peut

faire paroître dans les ſons principaux cette loi que tout fondamental eſt le même que ſon octave. Il eſt vrai que ſi cette loi étoit eſſentielle à tout mouvement ſonore, elle ſe trouveroit encore plus fortement dans les ſons principaux accompagnés de leurs harmoniques, que dans ces harmoniques conſidérés tous ſeuls. Mais pourquoi aſſigner à tout ſon unique cette propriété d'être le même que ſon octave? La ſeule raiſon qu'il y ait, c'eſt qu'elle eſt obſervée dans la pratique de la Muſique; mais dans la pratique de la Muſique, on n'a que la combinaiſon des ſons principaux avec les harmoniques, & le combat de ces derniers pouvant produire cette loi ſans qu'aucun en particulier l'ait, je ne vois pas qu'on doive admettre que tout ſon unique eſt le même que ſon octave.

M. Rameau n'ayant donc prouvé

d'aucune maniere, que les harmoniques pouvoient être confondus avec leurs octaves. D'ailleurs ce principe étant non-seulement supposé, mais encore sans vraisemblance, il pouvoit dire, en parlant des fondamentaux: *Ainsi nous confondons toutes les octaves pour nous en aider selon nos besoins.* Mais il devoit se garder d'appliquer aux harmoniques la propriété que leur combinaison produisoit, & que chacun en particulier n'avoit pas. Il ne falloit pas descendre ces sons harmoniques à leurs octaves en-dessous, & conclure qu'on étoit toûjours dans le principe de la nature. C'étoit en sortir que de dire: L'accord de tierce majeure & de quinte peut être pris pour celui de la douziéme & de la dix-septiéme. Ces nouveaux accords ne peuvent représenter les harmoniques. Ils sont de fausses images de ce que la nature n'avoit fait qu'indiquer.

Il a été déja prouvé qu'il n'y avoit des harmoniques qu'en-deſſus du fondamental. Qu'on ſuive exactement les mouvemens des cordes ; qu'on ſe rappelle que le ſon eſt produit non par la vibration totale ou la tranſlation de la corde, mais par le fremiſſement des parties inſenſibles. Que le mouvement ſonore ne commence point lorſqu'on applique le mouvement de vibration, mais lorſque cette vibration revient ſur elle-même. Qu'on combine ces loix, toujours on trouvera qu'il n'y a des harmoniques qu'en-deſſus du ſon principal, & jamais en-deſſous. M. Rameau ſemble même en convenir lorſqu'il dit : Qu'ayant accordé deux cordes en-deſſous du fondamental, l'une à ſa douziéme, & l'autre à ſa dix-ſeptiéme, elles ſe diviſerent l'une & l'autre d'elles-mêmes, pour répéter l'unisson du fondamental. Le son entier de ces cordes ne se fit pas entendre; ce fut le son du tiers de l'une, & du cinquiéme de l'autre. Ce que M. Rameau observa sur deux cordes, il auroit pû encore l'observer sur plusieurs autres de différente longueur, comme M. Sauveur l'a observé & démontré dans les Mémoires de l'Academie Royale des Sciences. Constamment les corps accordés en-dessous du fondamental se divisent pour rendre l'unisson de ce même fondamental, & cela quand ils le peuvent faire exactement. Je le répéte, ces corps accordés en-dessous du fondamental, ne peuvent frémir dans leur entier; il faut qu'ils se divisent d'eux-mêmes pour rendre l'unisson de ce même fondamental, qui, conséquament n'a point d'harmoniques en-dessous.

La propriété qu'ont les cordes de se diviser, n'est point particuliere à celles qui sont accordées à la douziéme & à la dix-septiéme en-dessous du son principal, ni même celles-là ne frémissent pas dans leur entier: car elles ne font que répéter l'unisson. M. Rameau a pourtant conclu que le son que peuvent donner ces cordes en entier, ou plutôt que la douziéme & la dix-septiéme en-dessous du fondamental, sont des harmoniques indiqués par la nature, comme étant le principe démontré de l'Harmonie. Il prétend que cette expérience lui donne en-dessous du fondamental les mêmes intervalles qu'il avoit entendus en-dessus; mais outre que ces intervalles ne sont pas uniques en leur maniere, il n'ont encore aucun rapport à ce qu'on en conclut.

Après avoir admis ces nouveaux harmoniques, M. Rameau les rapproche du fondamental en les élevant à leurs octaves. Il en prend les représentations, les fausses images, tout de même qu'il l'a été démontré à l'occasion des harmoniques entendus au-dessus du fondamental, & que l'Auteur avoit descendu à ses octaves. Et puisqu'il a été conclu que descendre les vrais harmoniques à leurs octaves, c'étoit sortir du principe de la nature, combien vraie est cette conséquence lorsqu'on y éleve de faux harmoniques. Quand même M. Rameau voudroit soûtenir par l'autorité que lui a acquis son genie & son goût, qu'on peut changer les octaves des harmoniques, sans cesser de suivre le principe de l'harmonie, jamais il ne dira, s'il y fait réfléxion, qu'il est des accords en-dessous du fondamental indiqués par la nature & découverts par l'expérience. Accordons-lui l'accord de tierce majeure & de quinte, comme premiere conſéquence de ceux de la dix-ſeptiéme & de la douziéme; mais ce ſeroit lui manquer que de vouloir excuſer des accords ſemblables qu'il place en-deſſous du fondamental. Il faut une ſuppoſition pour avancer celle-là ; il faudroit admettre une fauſſeté déja démontré pour ſoûtenir celle-ci : car enfin s'il y a une infinité de corps qui répétent l'uniſſon du fondamental dans leurs parties, dois-je choiſir quelques-uns de ces corps, prendre la repréſentation du ton qu'ils peuvent rendre; mais qu'ils ne rendent pas ; & cette repréſentation, je l'appellerai principe donné par la nature. Seroit-ce là raiſonner ? Seroit-ce là démontrer ?

En combinant les accords de

tierce majeure & de quinte, en-dessus du fondamental, avec de semblables en-dessous; M. Rameau déduit plusieurs regles de composition & de pratique. Ces conséquences achevent son ouvrage.

Mais quand, malgré l'obscurité des combinaisons, on accorderoit à M. Rameau qu'il a suivi avec clarté & rigueur la chaîne des vérités; cette supposition gratuite pourroit justifier son sistème, mais ne sauroit jamais établir, quelque étendue que lui donne l'Auteur, la démonstration du principe de l'Harmonie. Cette même supposition est dans l'art d'appliquer le principe, de tirer des conséquences; & sa plus grande étendue seroit de tirer de justes conséquences d'un principe qui n'est point démontré, ni qui ne sauroit être reçu pour axiome.

Ni les harmoniques que M. Rameau disoit ne pas se trouver dans le bruit, ni les harmoniques qu'il disoit n'être pas entendus par ceux qui n'avoient pas de sensibilité pour la Musique, ni les deux seuls harmoniques qu'il avoit entendus, descendus à leurs octaves, ni dès harmoniques semblables en-dessous du fondamental, ni enfin les combinaisons de ces deux dernieres suppositions, rien de tout cela n'est démontré & ne doit être admis que comme des hypothèses ingénieusement trouvées. L'ouvrage, ou plutôt l'opinion de M. Rameau, est que l'accord appellé parfait, est le plus agréable de tous les accords, & qu'étant placé au-dessus & au-dessous d'un même son, il fournit par ses combinaisons à plusieurs regles de pratique & de composition: voilà tout. Car l'Auteur avouera qu'en voulant remonter

ter plus haut il ne donne que des indications pour des preuves. Et que lui importent les harmoniques qui accompagnent le ſon principal, s'il les prend & où ils ſont & où ils ne ſont pas ? s'il n'employe que leur fauſſe repréſentation ? Ces principes ne ſont donnés par la nature que d'une façon éloignée. On pouvoit faire obſerver l'analogie ſans la rendre néceſſaire & immédiate. Il n'y a point ici de démonſtration.

Si M. Rameau vouloit trouver le vrai principe de l'Harmonie, il devoit remonter plus haut, & chercher pourquoi certains ſons s'uniſſent & produiſent des ſenſations agréables; & pourquoi d'autres ſe combattent & ſont deſagréables. C'eſt ce qu'il faut regarder comme les élémens de la théorie du ſentiment ſonore. N'eſt-il pas plus à propos de ſe décider de cette façon, que de dire : j'ai entendu des accords fixes & invariables, ils doivent donc être les principes de l'Harmonie ? Sans rechercher la cauſe, l'eſſence de ces accords, en combiner les termes, prendre chaque combinaiſon pour des préceptes, juſtifier le principe par la vérité de ces préceptes; ce n'eſt pas là le genie de la démonſtration.

Deſcartes a dit, l'ame juge aiſément des rapports ſimples, & ils doivent lui être agréables. Les conſonances ſont produites par des rapports ſimples, ainſi elles ſeront de bons accords. Tout au contraire, les termes des rapports qui expriment les diſſonances ſont difficiles à comparer; l'ame ne s'y plaît point, elle en a un ſentiment deſagréable. Ainſi c'eſt une opération de l'eſprit que Deſcartes a pris pour le principe du ſentiment de l'Harmonie. Il a réduit ce ſentiment à un jugement de comparaiſon. Je pourrois encore combattre ici cette opinion ; mais il me tarde d'établir la vérité.

Un accord eſt formé de pluſieurs ſons ; chacun de ces ſons porte ſes harmoniques, & du premier inſtant il y a une totalité d'impreſſion qu'il faut méſurer. Déja ce combat des harmoniques a été conſidéré dans l'accord de l'octave. Nous avons vû que dans cet accord le premier, le troiſiéme & le cinquiéme harmonique du ſon le plus grave ſont aidés par le ſon principal le plus aigu, & que ce ſecond ſon ſe conſerve tous ſes harmoniques. Je conſidere ſemblablement toutes les conſonances, & j'en ai calculé une Table dans laquelle ſe trouvent leurs harmoniques. Par une ſimple inſpection ſur cette Table, on pourra ſavoir ceux qui ſe conſervent ou qui ſe détruiſent. Le ſon principal le plus grave *ut* y eſt exprimé par l'unité; ou plutôt ce ſon fait une vibration, pendant que les harmoniques UT, SOL, &c. en font 2, 3, &c.

TABLE des Harmoniques des Consonances.

Fondamental.	ut	UT	SOL	UT	MI	SOL	7	UT	RE	MI	11	SOL
Octave.	UT	UT		UT		SOL		UT		MI		SOI.
Quinte.	SOL		SOL	[r	e]	SOL	[S	i]	RE			
Quarte.	Fa	[f	a]	UT	[f	a] [l	a]	UT				
Tierce Maj.	Mi	[m	i] [S	i]	MI	[6	$\frac{1}{4}$] [S	i]				
Sixte Min.	$1\frac{3}{5}$		[3	$\frac{1}{5}$] [4	$\frac{4}{5}$]	[6	$\frac{2}{5}$]	UT	[9	$\frac{3}{5}$]		
Tierce Min.	$1\frac{1}{5}$	[2	$\frac{2}{5}$] [3	$\frac{3}{5}$] [4	$\frac{4}{5}$]	SOL	[7	$\frac{1}{5}$]				
Sixte Maj.	La		[1	a]	MI	[1	a]	[8	$\frac{1}{5}$]	MI		

La premiere colomne verticale de cette Table, contient le nom des intervalles consonans. Dans la seconde colomne ces intervalles sont exprimés par les nottes qui les représentent, & quand quelque intervalle rapporté toujours à *ut* n'est pas tombé dans le diatorique juste, cet intervalle a été exprimé par le nombre de ses vibrations. Ainsi la sixte mineure qui se trouve entre *sol* & *la* y est exprimé par ($1\frac{3}{5}$) : parce que c'est le nombre de vibrations que fait le son le plus aigu de cet intervalle, pendant que le plus grave *ut* fait une vibration.

Dans la premiere colomne horisontale & vis-à-vis *ut* fondamental, j'ai placé par ordre tous ses harmoniques & chacun à la tête d'une colomne horisontale. C'est dans ces colomnes que se trouvent placés par ordre les harmoniques de tous les intervalles conſonans. Lorſque les harmoniques des ſons qui forment avec *ut* les intervalles conſonans ſe ſont rencontrés avec les harmoniques de ce même *ut*, je les ai écrits en gros caracteres & dans la colomne où étoit l'harmonique ſemblable du fondamental. Si ces harmoniques ſont tombés dans le diatonique juſte, ſans être les mêmes que ceux du fondamental, je les ai écrits par côté & par les nottes qui les expriment. Que ſi ces harmoniques ne tomboient ni ſur les harmoniques du ſon principal le plus grave, ni dans le diatonique juſte, je les ai écrits par le nombre de leurs vibrations.

Cette Table ainſi conſtruite, on voit dans l'inſtant les harmoniques qui, dans les différentes conſonances, ou ſe conſervent, ou ſe détruiſent. Dans l'octave le ſon principal le plus aigu conſerve tous ſes harmoniques. Dans la quinte le ſecond & le quatriéme harmonique ſont détruits. Dans la quarte le premier, le troiſiéme & le quatriéme ſont détruits. Ce ſont-là les conſonances parfaites. Dans les conſonances imparfaites, il ne reſte qu'un harmonique, excepté le ſixte majeure qui en a deux.

Par cette Table on voit que l'accord de l'octave conſerve preſque tous ſes harmoniques; que celui de la quinte n'en porte que trois; que la quarte n'en porte que deux; que les conſonances imparfaites n'en portent qu'un; & que ſi la ſixte majeure s'en conſerve deux, c'eſt le MI & ſon octave; tandis que la quarte portoit l'UT & ſon octave. Par la Table ſuivante, on peut ſe convaincre que les diſſonances ne ſe conſervent aucun harmonique ; que la ſeule ſeptiéme majeure conſerve ſon quatriéme harmonique qui eſt le RE de la troiſiéme octave, inférieur à tous les harmoniques des conſonances.

TABLE des Harmoniques des Dissonances.

	ut	UT	SOL	UT	MI	SOL	7	UT	RE	MI	11	SOL
Fondamental.	ut	UT	SOL	UT	MI	SOL	7	UT	RE	MI	11	SOL
Seconde Maj.	re	[r	e] [3	$\frac{3}{8}$] [r	e] [5	$\frac{5}{8}$] [6	$\frac{6}{8}$]					
Septiéme Min.	1 $\frac{4}{5}$		[3	$\frac{3}{5}$]	[5	$\frac{2}{5}$]	[7	$\frac{1}{5}$]	RE	[10	$\frac{4}{5}$]	
Seconde Maj.	1 $\frac{1}{9}$	[2	$\frac{2}{9}$] [3	$\frac{1}{3}$] [4	$\frac{4}{9}$] [5	$\frac{5}{9}$] [6	$\frac{2}{3}$]					
Septiéme Min.	1 $\frac{7}{9}$		[3	$\frac{5}{9}$]	[5	$\frac{1}{3}$]	[7	$\frac{1}{9}$] [8	$\frac{8}{9}$]	[10	$\frac{2}{5}$]	
Seconde Min.	1 $\frac{1}{15}$	[2	$\frac{2}{15}$] [3	$\frac{1}{5}$] [4	$\frac{4}{15}$] [5	$\frac{1}{3}$] [6	$\frac{2}{5}$]					
Septiéme Maj.	Si		[3	$\frac{3}{4}$]	[5	$\frac{5}{8}$]	[7	$\frac{1}{2}$]	[9	$\frac{3}{8}$]	[11	$\frac{1}{4}$]
Triton.	1 $\frac{13}{32}$	[2	$\frac{13}{16}$]	[4	$\frac{7}{32}$] [5	$\frac{5}{8}$]	[7	$\frac{1}{32}$] [8	$\frac{7}{16}$]			
Fausse Quinte.	1 $\frac{12}{45}$	[2	$\frac{38}{45}$]	[4	$\frac{12}{45}$] [5	$\frac{31}{45}$]	[7	$\frac{1}{19}$] [8	$\frac{24}{45}$]			

Nous avons déja vu que l'impreſſion qui paroît la plus ſimple eſt multipliée dans ſes harmoniques, & que quoique dans un ſeul ſon on n'y diſtingue pas d'abord un composé, il n'y a pourtant qu'une ſimplicité apparente. Le ſentiment le plus ſimple eſt donc composé d'impreſſions de différente force qui adouciſſent comme par des gradations, l'impreſſion principale. Il en eſt autrement dans les différens accords, tous les ſons ne portent point leurs harmoniques, quelques-uns ſe détruiſent mutuellement ; mais ce qui eſt conſtant, c'eſt que les conſonances les plus parfaites conſervent le plus d'harmoniques, & que les diſſonances les perdent tous.

Le premier coup, l'impreſſion inſtantanée que frappent les différens accords, n'eſt point toûjours la même. Lorſqu'on entend une conſonance, on entend auſſi dans le même inſtant des harmoniques à proportion de la perfection de cette même conſonance. Mais lorſqu'on nous fait entendre des accords appellés diſſonants, il n'y a plus d'harmoniques, & il ne reſte que les ſons fondamentaux dénués de leurs accompagnemens naturels. Voilà donc un caractere eſſentiel & diſtinctif dans l'action inſtantanée & méchanique des accords. Il ne reſte qu'à voir ſi cette différence peut donner celle de leur dégré d'harmonie.

Puiſque tout ſon porte avec ſoi ſes harmoniques ou plutôt ſon accompagnement, ce même accompagnement eſt dans l'ordre de nos organes. Il y a dans le ſon le plus ſimple une gradation de ſons qui ſont & plus foibles & plus aigus, qui adouciſſent par nuances le ſon principal, & le font perdre dans la grande vîteſſe des ſons les plus hauts. Voilà ce que c'eſt qu'un ſon, l'accompagnement lui eſt eſſentiel, en fait la douceur & la mélodie. Ainſi toutes les fois que cet adouciſſement, cet accompagnement, ou plutôt les harmoniques, ſeront renforcés & mieux devellopés, les ſons ſeront plus mélodieux, les nuances mieux ſoutenues. C'eſt une perfection, & l'ame doit y être ſenſible. Voilà pourquoi les accords conſonans ſont agréables. Plus il y aura des harmoniques de détruits, moins l'ame ſera ſatisfaite de ces acccords; voilà les conſonances imparfaites. Que s'il arrive enfin qu'aucun harmonique ne ſoit conſervé, les ſons ſeront privés de leur douceur & de leur mélodie; ils ſeront aigres & comme décharnés, l'ame s'y refuſera;

elle cherchera l'adouciſſement qu'elle avoit toujours trouvé dans les ſons; & ne voyant par-tout qu'une rudeſſe ſoutenue, elle éprouvera un ſentiment d'inquiétude, deſagréable : & voilà comment on ne ſe plaît point aux accords diſſonans.

Sans attendre le jugement de l'ame, l'action méchanique des accords en fait varier la ſenſation. Voilà ce qu'il falloit chercher avant que d'avoir recours au ſentiment reflechi. Il falloit calculer les mouvemens & les forces qui peuvent l'occaſionner, & établir avec préciſion leur différence conſtante. C'eſt par-là qu'on auroit ſu qu'une conſonance conſerve toûjours quelque harmonique; que l'Harmonie conſonante reſſemble à la mélodie; que ce n'eſt même qu'une eſpéce de mélodie dont les harmoniques ſont renforcées; que les deux parties chantantes de cette Harmonie consonante ſont de même eſpéce & dans leur particulier & dans leur réunion. Tout y eſt à ſa place; rien n'étonne : le nouveau ſon ajoûté pour former l'accord, ne fait point perdre le deſſein du premier ſon; il le dévelope mieux.

Tout au contraire, les diſſonances ont perdu leurs harmoniques. Ces ſons iſolés ne ſont point du même genre que la mélodie. Il y a comme une contradiction entre la mélodie & le nouveau ſon qu'on ajoûte pour former l'Harmonie diſſonante. De-là ces impreſſions ne peuvent émouvoir l'ame avec plaiſir ; elle ſe refuſe à un mouvement ſec & tronqué qui ne paroît point être dans l'ordre de la nature, & les diſſonances ſont deſagréables.

Non-ſeulement le combat des harmoniques eſt le vrai principe de l'Harmonie, mais encore il étoit à propos que cela fût ainſi. Car ſi, comme Deſcartes l'avoit penſé, le ſentiment de l'Harmonie eût été reglé par l'eſprit, qu'il eût fallu un jugement de l'ame pour décider de ce qui étoit agréable & de ce qui ne l'étoit point, le ſentiment eût été réglé par ce qui lui eſt étranger, & qui ne tend qu'à le détruire. Car ces deux facultés de l'ame, eſprit & ſentiment, ne peuvent preſque jamais s'accorder & s'aider mutuellement. Le ſentiment que l'eſprit regle n'a pas de vivacité; ſi l'eſprit ſe regle par le ſentiment, il n'a pas de préciſion. Ainſi il n'auroit pas fallu placer l'eſprit où devoit être le ſentiment, il en eût arrêté & ſuſpendu la vivacité; car, je le répéte, le ſentiment n'a de vivacité que parce que l'eſprit n'a pû le gouverner,

verner, & il ne devoit pas avoir le ſoin de l'augmenter. C'étoit par le ſentiment qu'il falloit regler le ſentiment, & bien loin que l'eſprit dût entendre, diſtinguer, meſurer, comparer les mouvemens des ſons, il falloit l'oublier, les lui cacher, le fatiguer même s'il vouloit ſe placer là où on ne le vouloit point.

Indépendament de ces raiſons premieres, il en eſt encore d'expérience qui ſont tout autant d'objections à l'opinion de Deſcartes. Car ſi l'ame ne diſtingue la diſſonance de la conſonance que lorſqu'elle eſt attentive à comparer les ſons, je demanderois volontiers pourquoi ne s'apperçoit-elle pas de cette opération? & ſi elle ne la connoît point, pourquoi la lui attribuez-vous? Ne vous eſt-il point ſouvent arrivé que, l'eſprit occupé à conſidérer quelque objet, vous en avez été distrait par le sentiment desagréable d'un accord dissonant ? Ne dites point que l'esprit comparât alors ces vibrations, il ne suivoit point les sons. Que si on se réduisoit à dire que l'ame doit attendre un plus long-tems pour juger du rapport des sons qui forment les dissonances, que de ceux qui forment les consonances, on seroit encore dans l'erreur, puisque la tierce mineure, la sixte mineure & la septiéme mineure font rencontre de leurs vibrations dans un même intervalle de tems. Ces trois accords fort différens en dégré d'Harmonie, seroient égaux par ce principe, qui par là se montre faux. C'en est sans doute assez pour conclure que ce n'est point par un sentiment reflechi qu'il y a des accords consonans & des accords dissonans. Le principe de l'Harmonie eſt méchanique, & il auroit fallu ſans doute, en avoir démontré l'impoſſibilité avant que d'avoir recours aux principes qui avoient été généralement reçus.

M. Sauveur avoit imaginé un autre principe d'Harmonie. Voici ſes paroles d'après M. Fontenelle: *En ſuivant cette idée, on trouve que les accords dont on ne peut entendre les battemens, ſont juſtement ceux que les Muſiciens traitent de conſonances, & que ceux dont les battemens ſe font ſentir, ſont les diſſonances; & que quand un accord eſt diſſonance dans une certaine octave, & conſonance dans une autre, c'eſt qu'il bat dans l'une, & ne bat pas dans l'autre.* Pour connoître ces battemens, voici ce que le même Auteur dit plus haut: *Quand on entend accorder des orgues, & que deux tuyaux qui approchent de l'uniſſon jouent enſemble, il y a certains inſtans où le ſon commun qu'ils rendent eſt plus fort, & ces inſtans ſemblent revenir da■ des intervalles égaux.* Ces battemens ſont cauſés par la rencontre des vibrations. Là où les vibrations ſe réuniſſent & s'accordent à frapper l'oreille d'un même coup, là on doit entendre un ſon plus fort: c'eſt ce qui ſe démontre, c'eſt ce qu'a penſé M. Sauveur; mais la conſéquence qu'il en a tiré ne me paroît pas avoir le même dégré de certitude.

De deux en deux vibrations du fondamental, l'octave & la quinte ont leurs battemens. De trois en trois vibrations du fondamental, la quarte & la ſixte majeure ont leurs battemens. La tierce mineure, la ſixte mineure & la ſeptiéme majeure ont des ondulations égales, c'eſt-à-dire, d'un même intervalle de tems.

Les renflemens de ſons, les ondulations ſonores ſe trouvent donc à des mêmes diſtances dans des accords fort différens en dégré d'Harmonie, comme auſſi dans des accords bons & mauvais. Elles ne ſont donc point le principe de la différence de ces mêmes accords ?

Je ne dis point que les battemens ſoient tout-à-fait étrangers au ſentiment de l'Harmonie ; ils ſe trouvent dans les accords, mais n'en ſont pas le premier principe. Sans contredit, leur action qui eſt méchanique peut y mettre une différence & augmenter la variété que nous avons déja découverte. Il en ſera de même du jugement de l'ame, lorſqu'elle ſera attentive à comparer les ſons ; mais toûjours il reſte conſtant que la différence eſſentielle & fondamentale des accords, n'eſt ni les combinaiſons qu'avoit donné M. Rameau, ni une ſimpathie, ni un jugement de l'ame, ni un ſentiment reflechi, ni la variété des battemens. Cette différence eſt établie par l'action méchanique des harmoniques conſervés dans les conſonances & détruits dans les diſſonances.

FIN.

APPROBATION.

J'Ai lû par l'ordre de Monſeigneur le Chancelier, un Manuſcrit intitulé *Nouvelle découverte du principe de l'Harmonie, avec un Examen, &c.* & je n'y ai rien trouvé qui en puiſſe empêcher l'Impreſſion.

A Paris, le 4. Janvier 1751.

CLAIRAU.

PRIVILEGE DU ROY.

LOUIS, par la grace de Dieu, Roi de France & de Navarre : A nos amés & féaux Conſeillers les gens tenant nos Cours de Parlement, Maîtres des Requêtes ordinaire de notre Hôtel, grand Conſeil, Prévôt de Paris, Baillifs, Sénéchaux, leurs Lieutenans civils & autres nos juſticiers qu'il appartiendra ; SALUT. Notre amé le Sieur ESTEVE, nous a fait expoſer qu'il deſireroit faire imprimer & donner au public un ouvrage qui a pour titre : *Nouvelle découverte du principe de l'Harmonie, avec un examen de ce que M. Rameau en a publié ſous le titre de Démonſtration*, s'il nous plaiſoit lui accorder nos Lettres de permiſſion pour ce néceſſaire; A CES CAUSES, voulant favorablement traiter l'Expoſant, nous lui avons permis & permettons par ces préſentes, de faire imprimer ledit Ouvrage en un ou pluſieurs volumes, & autant de fois que bon lui ſemblera, & de le faire vendre & débiter par tout notre Royaume pendant le tems de trois années conſécutives, à compter du jour de la date des préſentes; Faiſons défenſes à tous Imprimeurs, Libraires & autres perſonnes, de quelque qualité & condition qu'elles ſoient, d'en introduire d'impreſſion éttangere dans aucun lieu de notre obéiſſance ; A la charge que ces préſentes ſeront enregiſtrées tout au long ſur le regiſtre de la Communauté des Imprimeurs & Libraires de Paris, dans trois mois de la date d'icelles; que l'impreſſion dudit Ouvrage ſera faite dans notre Royaume & non ailleurs, en bon papier & beaux caracteres, conformément à la feuille imprimée attachée pour modele ſous le contre-ſcel des préſentes ; que l'Impétrant ſe conformera en tout aux réglemens de la Librairie, & notamment à celui du 10 Avril 1725, qu'avant de l'expoſer en vente le manuſcrit qui aura ſervi à l'impreſſion dudit Ouvrage, ſera remis dans le même état où l'approbation y aura été donnée, ès mains de notre très-cher & féal Chevalier Chancelier de France le Sieur Delamoignon, & qu'il en ſera enſuite remis deux exemplaires dans notre bibliothéque publique, un dans celle de notre Château du Louvre, un dans celle de notredit très-cher & féal Chevalier Chancelier de France le Sieur Delamoignon, & un dans celle de notre très-cher & féal Chevalier Garde des Sceaux de France le Sieur de Machault, Commandeur de nos Ordres; Le tout à peine de nullité des préſentes, du contenu deſquelles vous mandons & enjoignons de faire jouir ledit Expoſant & ſes ayans cauſes pleinement & paiſiblement, ſans ſouffrir qu'il leur ſoit fait aucun trouble ou empêchement; VOULONS qu'à la copie des préſentes, qui ſera imprimée tout au long, au commencement ou à la fin dudit Ouvrage, foi ſoit ajoûtée comme à l'original. COMMANDONS au premier notre Huiſſier ou Sergent ſur ce requis, de faire, pour l'exécution d'icelles, tous actes requis & néceſſaires, ſans demander autre permiſſion, & nonobſtant clameur de haro, charte normande & lettres à ce contraires. CAR tel eſt notre plaiſir. Donné à Verſailles le vingt-cinquiéme jour du mois de Janvier, l'an de grace mil ſept cent cinquante-un, & de notre regne le trente-ſixiéme.

PAR LE ROY EN SON CONSEIL.

SAINSON.

www.ingramcontent.com/pod-product-compliance
Ingram Content Group UK Ltd.
Pitfield, Milton Keynes, MK11 3LW, UK
UKHW021820190726
13853UKWH00003B/1077